1 FRANC

ESSAI

DE

SOLIDARITÉ SOCIALE

PAR

A. PINEL

Docteur en Droit

Conseiller à la Cour d'Appel

1911

BASTIA

C. PIAGGI LIBRAIRE-ÉDITEUR

A mes amia

Bastia, 15 Octobre 1910

ESSAI

DE

SOLIDARITÉ SOCIALE

PAR

A. PINEL

Docteur en Droit
Conseiller à la Cour d'Appel

1911

—

BASTIA

C. PIAGGI Libraire-Éditeur

ESSAI

DE

SOLIDARITÉ SOCIALE

.....Eadem sunt omnia semper.

.....Eadem tamen omnia restant.

« Toujours reviendra le même enchaînement.

« Toujours se présente la même série d'objets »

LUCRÈCE.

AVANT PROPOS

Après quarante années de République, malgré l'effort fait en vue de l'Enseignement, la notion de moralité n'apparaît pas encore bien définie : on bataille encore là-dessus.

Pourquoi pareil débat entre des hommes qui se réclament *les uns et les autres* de la Morale ?

1

Il me semble, après avoir beaucoup vu, lu et entendu, que je puis retenir ceci : *Ni les uns ni les autres n'ont de morale bien définie*, par cette raison bien simple qu'*ils* n'ont pu se mettre d'accord sur la nature des rapports de l'homme à l'homme ; autrement dire, dans notre État-Société, y a-t-il *antagonisme*, ou bien y a-t-il *association ?*

Pour notre part nous nous sommes prononcés pour l'*association*, et par cela même nous affirmons qu'il y a *identité d'intérêt*, c'est-à-dire *Solidarité* entre tous les associés : aussi pouvons-nous donner une base de moralité à notre association.

Dans cet essai, j'ai voulu montrer que cette notion de moralité, que tous

nous briguons à l'envi, apparaît déjà,
et finira par règner en souveraine, lorsque nous serons arrivés à pratiquer
avec ensemble, dans notre asscciation
entre citoyens, les devoirs qui incom-
bent à tout associé, et qui se résument
dans ce mot : « Solidarité Sociale ».

CHAPITRE Ier

LA SOLIDARITÉ EST UN PHÉNOMÈNE SO-
CIAL. — CARACTÈRE MORAL DE CE PHÉ-
NOMÈNE. — LA SOLIDARITÉ EST UN DE-
VOIR SOCIAL. — CLASSIFICATION DES DE-
VOIRS. — DEVOIRS MOYENS « MEDIA OF-
FICIA ».

... Il faut être de son époque ; il
ne faut exiger des hommes que l'effort
psychique adéquat à leur mentalité.

Cette double affirmation me semble
acceptable, parce que réalisable.

**

Comment connaître le *Criterium* de la mentalité d'un peuple avec assez de certitude pour être en mesure de faire pénétrer dans ses mœurs l'idée des Devoirs strictement nécessaires — « media officia, dit Ciceron » —, et inscrire dans ses lois les sanctions efficaces en vue de lui assurer une vitalité individuelle et sociale ?

Quels sont les Devoirs qui, chez un peuple civilisé, nécessairement traditionaliste, peuvent être considérés comme adéquats à sa mentalité, c'est-à-dire comme étant à la portée de tout le monde ?

*
* *

Nous sommes, je crois, ce peuple civilisé et traditionaliste, car l'heure de la majorité de la classe des citoyens, désignée sous le nom de quatrième Etat a sonné : Devenu majeur, il réclame ses droits, et entend les exercer.

Or, pour lui, comme pour tout autre qui l'a précédé dans le Progrès, se dresse la corrélation de ses Droits et de ses Devoirs : c'est donc sous ce double aspect de la corrélation des droits et des devoirs qu'il importe de rechercher, d'étudier et de déterminer quels sont les voies et les moyens les meilleurs pour l'organisation et la mise en œuvre des forces individuelles et socialisées de ce peuple.

Si la loi majoritaire est à la base de notre armature sociale, il faut avant tout assurer l'existence même de ce

peuple en tant que collectivité natio-
nale, et pour cela il devient nécessaire d'assurer la vitalité de toutes les
parties constitutives et intégrantes,qui
en forment un agrégat unique, par
la combinaison intelligente et la com-
munauté harmonieuse des efforts producteurs de toutes les forces agissantes.

* *
*

Comment y parvenir ? Par la recherche et l'étude, par la découverte
et la détermination des solutions conciliatrices dans la double question économique et sociale qui se dresse en face l'une de l'autre, qui exerce l'une sur
l'autre des répercussions fatales, pour
ainsi dire automatiques, qui dès lors

commandent et imposent, en vue d'é-
viter la dissolution, puis la décadence et la mort, une série longue et varia-
ble de concessions et de transactions
indispensables à la vitalité de ce peuple, et à sa place dans la civilisation
mondiale.

*
* *

A l'heure présente deux forces sociales sont en contact, inéluctables et
inséparables, le Capital et le Travail ;
il appartient de régler les contacts et
d'éviter le conflit brutal et fatal au
pays : ce rôle revient à un troisième
facteur, que nous appellerons une
Puissance intelligente et directrice qui
réglementera les conditions du Capital employé et du Travail fourni, et

14

qui terminera les conflits par un arbitrage obligatoire et défini dans ses modalités.

* *
*

Aussi faut-il envisager une nouvelle compréhension des choses, et songer à faire pénétrer chez les gens un certain esprit de sac ifice que nous appellerons utilitaire, parce que s'il consiste à imposer à quelques-uns l'abandon de quelques avantages, il apporte à d'autres, qui en profitent directement, une amélioration matérielle et morale, dont les premiers bénéficieront à leur tour dans une atmosphère plus prospère et plus sûre.

* *
*

Aussi complexe et difficile reste cet-

te solution, en raison même de sa dua-
lité indivisible, toujours résolue, mais
en apparence seulement, sans cesse re-
naissante sous la pression de nouveaux
besoins, créant de nouveaux désirs, né-
cessitant de nouveaux procédés d'organisation et de règlementation que
les découvertes scientifiques suggè-
rent : c'est là, l'œuvre incessante du
législateur, qui a pour mission d'inscrire dans les lois, toujours perfectibles, les améliorations d'ordre général
et social.

Or, à l'heure actuelle, quelle est la
mentalité du plus grand nombre ?

Il n'est plus permis de songer à une
résurrection de la foi qui se meurt :
les travailleurs, intellectuels et ma-

nuels, ne subissent plus ou presque
plus le phénomène psychique de la foi
qui donne l'évidence à ce qui n'est pas
démontrable : ne croyant plus au para-
dis de l'au-de là, ils réclament leur
part ici bas dans le bien-être, et ils le
font avec d'autant plus d'ardeur que
les progrès de l'industrie capitaliste
ont servi à grossir le bien-être de quelques-uns jusqu'à devenir démesuré et
par suite insolent et provocateur.

*
* *

Nous ne pouvons davantage ni dou-
ter, ni tenir aucun compte de la mo-
bilité, quelque fois fiévreuse, de notre race, surtout à cette époque de
transition, où le passé n'est déjà plus,
et où l'avenir rêvé n'est pas encore.

Peut-il en être autrement pendant cette sorte d'interrègne de négation, où l'espérance révélée s'évanouit comme une fumée, et où la panacée sociale n'apparaît qu'en mirage, presque intangible, comme toute terre promise ?

*
* *

Si pareille situation peut créer quelquefois chez l'individu un état d'âme privé passagèrement de sens moral, cet état d'âme ne peut être qu'a-moral c'est-à-dire nécessairement provisoire et transitoire ; car la négation absolue et définitive du bien, du juste et du beau serait la faillite de l'être humain ; or, cela ne peut être : sorti de l'animali-

té, il monte à la vie libre de l'esprit ;
il progresse ; il devient meilleur.

Et si chaque être possède une conscience, les progrès de la science, qui
rapprochent les individus, influent sur
cette conscience individuelle, lui appor-
tent dans ses relations avec d'autres
consciences certaines impressions émo-
tionnelles qui sont tour a tour intellec-
tuelles, esthétiques, morales ; dans ce
foyer des consciences individuelles,
prend ainsi naissance ce *quelque chose* que la psychologie appelle la sensibilité morale, que nous appelions ja-
dis « affections bienveillantes ou sociales », par opposition aux « affections malveillantes ou insociables ».
Et je retrouve dans ma mémoire les

exemples cités par nos maîtres (il y a
un demi siècle déjà) : — du bon côté,
le culte de la famille, le patriotisme,
la philanthropie ; — de l'autre côté, les
manifestations de l'envie, de la haine,
de la vengeance, la misanthropie.

La science grandissante ne peut donc
que faciliter chez l'individu cette
adaptation entre le sentiment person-
nel et le sentiment bienveillant ou social, car cette adaptation comporte nécessairement la réciprocité, et implique l'existence d'une responsabilité mutuelle entre les associés appelés à vivre de la même vie.

*
* *

Tout ce mécanisme moral peut encore paraître fragile, puisqu'il est mû

par des êtres imparfaits ; mais ces
êtres sont perfectibles, grâce aux effets
de l'extension sans cesse croissante de
nos connaissances : L'arbre du *Mal*
(et ce n'est pas celui de la Science) est
désormais arraché et jeté au feu : l'op-
timisme devient une croyance salutaire et fortifiante, et chacun peut y croi-
re et le pratiquer, puisqu'il y a certitude que dans la marche de l'humanité, il y a d'autres réalités que la *Force* et le *Hasard* : il y a une loi de Moralité humaine, dont la réalité s'affirme et s'extériorise dans des manifestations de plus en plus tangibles à mesure que l'élargissement des intelligences et la sérénité des consciences se développent sous le soufle de l'instruc-

tion et de l'éducation s'affirmant solidaires, s'entremêlant sans cesse, dotant l'esprit des découvertes scientifiques, inculquant à l'âme ces sentiments que nous appelions tout à l'heure des affections bienveillantes ou sociales.

*
* *

Aussi quoiqu'on aise la Science ne peut donc être a-moral, et ne peut non plus faire faillite : son essence est d'épurer et de conserver la tradition, comme aussi d'éclairer et de préparer l'avenir : elle accroît ainsi le domaine de la Moralité humaine en lui donnant pour base la vérité, la justice et l'intérêt général ; et c'est bien là le règne souverain de la morale conventionnelle ou appliquée, toujours vivace et

toujours vivante, éveillant rationnellement chez chacun l'idée d'une responsabilité à encourir dans l'accomplissement de ses devoirs, tout en lui garantissant chez les autres un acte de réciprocité, assurant ainsi à tous l'exercice de leur liberté et de leurs droits.
D'où cette conséquence logique que, si
l'individu doit servir la Collectivité en
portant aide à son associé, il a intérêt
à le faire puisque la Collectivité doit
à son tour le servir : c'est là un fait
hors de toute discussion, car il est évi-
dent que tout être social tire profit de
son existence en société : Il faut avoir
l'esprit morose pour parler de délais-
ser la morale conventionnelle, sous le
prétexte qu'elle est encore en voie de

formation ou de transformation : Concevoir l'altruisme, la solidarité sociale, comme certains ne cessent de le proclamer, puis ajouter qu'il ne faut ni sacrifices stériles, ni abdications inutiles, ni suicides dans la vie sociale, n'est-ce pas à la fois une contradiction doublée d'un masque d'égoïsme tout simplement ? n'est-ce pas aboutir à la négation de l'être *fini*, sinon parfait, à la fois être-individu et être-social ? n'est-ce pas enfin mettre *au cran d'arrêt* la marche du Progrès ?

*
* *

Cette moralité humaine, qui a pénétré dans la conscience d'une élite ne doit avoir favorisé ces élus qu'à charge par eux d'ouvrir ces trésors de vé-

rité, de justice et de bienveillance aux
masses profondes de plus en plus trou-
blées, et de plus en plus avides de connaître les causes, les effets et les fins de
leur existence et de leur participation
à la vie sociale dont elles sont un élément constitutif et intégrant.

*
* *

Pareille méthode, qui consiste à concilier le juste et l'utile et qui comporte
en elle-même le principe salutaire de
la perfectibilité, paraît être à l'abri de
toute critique : elle émane d'une philosophie humaine, éprouvée et consacrée
par le temps, puisque son but est de
transmettre à l'humanité les vérités
premières de tout ordre scientifique et
moral que la Science a faites siennes

dans le passé ; — les découvertes utiles et les améliorations acquises dans
le présent ; — les probabilités lumineu-
ses et les espérances légitimes de l'a-
venir.

.*.
.* *

Pareil enseignement ne saurait être
à *fortiori* qualifié d'immoral ; car il
faudrait au critique l'audace d'affirmer tout d'abord que le fait de la négation par la Science d'un dogme ré-
vélé comme celui de l'Immaculée Con-
ception, faisant bloc avec les autres, est
un acte d'immoralité.

Il vaut mieux n'y voir qu'une copie
servile de l'éclosion de la Minerve anti-
que sortie du cerveau de Jupiter et
proclamée elle aussi la Divinité-vier-

ge, et reléguer le tout dans l'agréable souvenir des œuvres les plus imaginatives, les plus élégantes et les plus récréatives de l'esprit humain.

Pourquoi ne pas suivre les propagandistes de cette méthode traditionaliste, toujours en marche vers le mieux ? Pourquoi ne pas mettre *en observation* les effets de l'évolution scientifique, lorsque parfois ces effets paraissent révolutionnaires et troublants par leur puissance de transformation et par leur bruyante rapidité ? Pourquoi dès lors détruire le pont qui relie le Passé à l'Avenir, et pourquoi l'homme du Présent, imitant le marin qui a la garde du navire en marche et qui consulte sans cesse le plus petit objet de son bord, la boussole, n'aurait-il pas un regard et un souvenir vers le Passé qui a eu sa part de vérite, et un regard et une aspiration vers l'avenir, songeant aux solutions conciliatrices, consolidant les progrès acquis, préparant les améliorations si ardemment desirées, pratiquant en un mot l'applicabilité des transformations nécessaires.

Tous ces résultats de la vie en arrière et toutes ces aspirations de la vie en avant sont et seront ainsi l'œuvre du Temps, à la fois destructeur et créateur ; c'est grâce à lui qu'il est possible de condenser les pensées des Savants et des Sages, d'épurer les intuitions des Foules, de composer les forces agissantes d'une Nation, de soli-

dariser entre elles toutes ces forces
dans un but de défense sociale et de
progrès.

*
* *

Ceci exposé, il est loisible de rappeler et de placer en exergue de notre
thèse, comme base de notre argumenta-
tion, la classification des Devoirs par
Cicéron qu'il définit dans son traité
des Devoirs au livre III :

« ... Les devoirs que les Stoïciens appellent *devoirs moyens* sont d'un usage
très étendu et à la portée de tout le
monde : avec du bon sens et de la réflexion, plusieurs personnes y atteig-
nent et s'en font aisément une habitude.

Quant au devoir que ces mêmes phi-

losophes appellent *droit*, c'est la per-
fection absolue, et comme ils le disent,
ce devoir a sa plénitude : nul autre que
le Sage ne saurait y atteindre........

....Les devoirs moyens torment une
honnêteté secondaire qui n'est pas seulement le partage de la Sagesse, mais
qui est commune à tous les hommes
chez lesquels existe le germe de la vertu...............................

.... Cette honnêteté secondaire qui
est à la portée de notre faible intelligence doit être pour nous un devoir sa-
cré, comme l'honnêteté absolue, la vraie
honnêteté, en est un pour le Sage :
c'est le seul moyen de juger de nos pro-
grès dans la vertu.................

.... Ceux qui pratiquent l'observa-

tion des devoirs méritent le nom de
gens de bien : quant aux hommes qui
pèsent tout dans la balance de l'intérêt, et qui refusent de reconnaître la
prépondérance de l'honnêteté, ils n'a-
gissent pas comme l'homme de bien ».

*
* *

Il est loisible de résumer ainsi les
conseils si pratiques de la philosophie
aimable de Cicéron :

A la mentalité parfaite du Sage, cor-
respond le devoir droit : « *Rectum offi-
cium* ».A la mentalité imparfaite,mais
perfectible, du plus grand nombre, cor-
respondent les devoirs moyens : « *Media officia* ».

Et puisque les devoirs moyens sont
d'un usage très étendu et à la portée

*de tout le monde, et qu'avec du bon
sens et de la réflexion, il est aisé d'en
faire une habitude,* mettons le bon
sens et la réflexion à la portée de tout
le monde.

Comment ? par le développement de
notre sensibilité morale et de notre intelligence, ces deux sources du bon
sens ; — par un système d'instruction
et d'éducation conforme aux données
de la Science ; — par l'exemple et par
la propagande de l'Elite Sociale.

*
* *

Bichat a défini la vie « l'ensemble
des forces qui résistent à la mort ».

Parmi ces forces, les unes sont phy-
siologiques ; — les autres sont psychiques : car, il peut y avoir double déca-

dence, précédant la cessation de la
vie.

Ces forces sont destinées les unes
et les autres à lutter contre toute décadence physique ou morale.

Quelles sont et quelles doivent être
les forces qui conditionnent la vie psychique chez l'homme ? C'est là notre
question.

*
* *

Tout d'abord, l'être-individu vise à
créer et à développer *toutes* ces forces
de résistances, puisque tout être tend
à persévérer dans son être.

Puis, chaque être étant appelé à vivre avec d'autres êtres, et d'autre part
la Nature n'ayant pas distribué auto-
matiquement à chaque être ces forces

de résistance, apparaît nécessaire l'intervention de l'Etat-Société pour aider les individus qui le composent comme partie intégrante, et, qui ont besoin de son aide dans cette œuvre incessante inlassable et nécessaire de création et de développement de ces forces de résistance.

Nous aboutissons ainsi à la recherche et à l'analyse des voies et moyens que la conscience individuelle d'une part, et l'organisme social d'autre part doivent fournir en vue de solutionner cette question vitale, dans tout Etat civilisé, de la création et du développement de ces forces psychiques qui seules nous occupent dans cette étude.

*
* *

Créer et développer ces forces d'abord chez l'indiviau,telle est la première phase du problème : cette phase nous apparaît d'autant plus intéressante qu'elle rendra plus facile l'application des voies et moyens dans la seconde phase qui concerne l'Etat-Société, si les premiers résultats sont favorables.

N'est-ce pas avec des matériaux de premier choix employés au début que les constructions humaines s'élèvent plus solides et plus durables ?

Or, tout être, appelé à se procréer, devient ainsi la tige principale de l'arbre à plusieurs rameaux, dont elle est le soutien protecteur.

Cet être devient ainsi un directeur, un chef responsable vis-à-vis des êtres

plus faibles qu'il a procréés, que l'ins-
tinct et l'intelligence, doublés des lois
naturelles, lui commandent de proté-
ger.

Pour remplir son rôle, ce chef responsable doit être juste, tolérant, bon.

*
* *

La famille, ainsi constituée et diri-
gée par son chef naturel, que devient-
elle dans l'Etat-Société auquel elle appartient et auquel elle se rattache de
plus en plus par suite des nécessités
économiques, grandissantes chaque
jour ?

Déversée dans le flot tumultueux et
incessant de la place publique, ces familles vont se souder entre elles, cons-

tituer des groupements, lesquels composent à leur tour l'Etat-Société.

De même que la Nature a créé différents les êtres-individus au point de
vue physique, intellectuel, et moral,
de même apparaissent différentes les
fami'les, indissoblument soudées cependant dans ce vaste réservoir de l'Etat-
Société.

Somme toute, éléments individuels
et groupements divers font désormais
partie intégiante de l'Etat-Société : le
contact est obligatoire ; le conflit est
possible.

Or, partout où des échanges d'idées,
de paroles, d'actes viennent à se produire, des Droits prennent aussitôt
naissance, et engendrent simultané-

ment des Devoirs : il y a là corrélation intime et nécessaire.

Ce contact ou ce choc oans les échanges, pour être pacifique et profitable, réclame une réglementation des rapports ; — des individus entre eux, — des individus vis-a-vis des groupements divers — des individus vis-à-vis de l'Etat-Société ; — des groupements entre eux — des groupements vis-à-vis de l'Etat-Société ; — de l'Etat-Société vis-à-vis de tous.

*
* *

Cette réglementation doit être préparée et appliquée par une élite imprégnée des idées de Justice et d'altruisme.

CHAPITRE II.

Origine et développement des Devoirs Moyens chez l'être-individu. — Première phase, dans la Famille. — Seconde phase, dans les associations entre familles.

La constitution de la famille, grâce à son origine si ancienne et si respectée, rend facile l'acceptation d'une discipline directrice, et il est loisible de prévoir que cette discipline s'affirmera, de plus en plus volontairement consentie par l'effet moral dû à l'autorité de ses chefs, grandissante en équité, en tolérance, en bonté.

Transportée dans l'Etat-Société, cette question de discipline directrice, plus complexe mais en même temps plus répartie parce que plus étendue, s'imposera d'autant plus facilement qu'elle sera préparée et exercée par une élite devenue plus juste et plus altruiste.

*
* *

Quel doit être l'effort individuel et collectif, pour atteindre cet objectif, ou tout au moins pour y viser sans cesse comme vers un idéal ?

Il est loisible de le synthétiser ainsi ·

A l'état de nature les forts brisent les faibles ; — à l'état familial et social, les faibles doivent être protégés et rester saufs.

La raison humaine, par son développement incessant, peut seule opérer cet effort continu et nécessaire.

Il appartient au xx° siècle de faire monter l'homme de plus en plus à la vie libre de l'esprit vers la Raison, vers cet Idéal humainement réalisable.

Sans remonter aux grandes épopées mondiales, rappelons les épopées modernes qui ont marqué la marche inlassable du Progrès humain vers le Beau, le Vrai, le Juste ;

La Renaissance amplifie et développe le culte des belles formes et de la beauté ;

Les xvi° et xvii° siècles sont l'efflorescence des belles-lettres ;

Le xviii° siècle prépare et la Révo-
lution proclame le culte de la Liberté
individuelle ;

Le xix° siècle s'adonne passionné-
ment aux sciences, découvre, opère et
transforme merveilleusement les forces
de la Nature, et les asservit à l'homme ; l'esprit de l'homme s'élargit, sa
raison grandit et son orgueil aussi
peut-être.

Le xx° siècle doit achever et recti-
fier cette œuvre transformatrice en
donnant à la Raison humaine, élargie
par la science, l'appui moral de la
Conscience.

*
* *

La Conscience ! Elle trouve sa source dans le travail, dans l'effort, en vue d'une fin qui est la Vie, avec ses besoins matériels, et avec ses aspirations morales.

Alors la conscience, appuyée sur les certitudes et les vérités de la science, procrée cette sensibilité morale ou sociale qui va s'appeler la Solidarité humaine dans notre terminologie sociologique

*
* *

La Solidarité éveille deux sortes d'idées : d'abord une idée particulariste, née de l'essence même des êtres-individus, se sentant attirés les uns vers les autres ; — puis, une idée d'ordre généralisé prenant naissance dans le premier groupement naturel, la Famille ; plus tard dans les groupements des intérêts collectifs ; finalement, dans le groupement plus vaste, qui les résume tous, l'Etat-Société.

Chez l'individu, la Solidarité est et ne peut être que la constitution volontaire, et le fonctionnement régulier d'une mutuelle responsabilité : Or, cet état d'âme ne peut être que la résultante d'une parfaite connaissance de la corrélation des droits et des devoirs de chacun.

Ces derniers seuls, trop souvent méconnus, vont retenir notre attention, pour les indiquer et les déterminer d'abord, puis pour rechercher et propo-

ser les moyens les plus propices à leur
accomplissement.

*
* *

Essayons tout d'abord a'expliquer et
de justifier cette corrélation entre les
droits et les devoirs, que tous nous pro-
clamons.

Rien ne paraît plus aisé, si l'on veut
remonter à l'origine de la nature humaine et constater que chaque être dis-
pose à son gré de lui-même, c'est-à-dire possède une volonté qui lui permet
de mettre à exécution tous les actes
que sa sensibilité d'une part, et son
intelligence ensuite, lui commandent
dans son intérêt : tel est le premier
usage que lui suggère sa volonté, forme intuitive de sa liberté.

Mais il est constant que cette liberté d'agir exclusivement en sa faveur
s'affirme en même temps chez les autres êtres qui sont en contact avec lui,
et que ces affirmations peuvent se ma-
nifester contradictoires : d'où, un conflit possible.

Il apparaît, alors, sagement utile de
limiter les causes du conflit, et chacun,
dans l'usage de la liberté sous l'empire de sa volonté, doit viser à s'harmo-
niser avec son associé tenu aux mêmes
règles par voie de réciprocité.

Ainsi s'accomplit sans heurt violent
la corrélation des droits et des devoirs
entre les hommes appelés à vivre en société : Ainsi se trouve démontré que
le devoir n'est pas et ne peut être en

opposition avec la liberté individuelle, et l'on a pu dire avec raison que,
par le fait ae cette mutuelle et volontaire dépendance entre les associés
dans la vie socialisée, le devoir est l'a-
panage de tout être libre.

*
* *

Il importe de déterminer où et comment, dans une phase préparatoire, il
sera facile d'assouplir cette volonté
première chez l'individu en vue de le
rendre plus enclin vers cette pratique
de la réciprocité, d'aide-mutuelle, vers
cette solution la plus honnête et en même temps la plus conforme à l'intérêt
généralisé comme à l'intérêt privé soit
médiat soit immédiat ; car tout intérêt
privé qui n'a pas pour base l'honnêteté,

quand il n'est pas dommageable à au-
trui, ne peut avoir que la simple apparence de l'utilité, et non la réelle utilité. S'agit-il de porter atteinte à l'i-
nitiative et à l'activité individuelles ?
évidemment non : car ce serait porter
atteinte aux forces individuelles qui
accroissent la productivité d'un pays,
sa richesse, le Progrès en un mot.

Mais défions-nous des apparences
en tout ; justice apparente, erreur ;
— honnêteté apparente, erreur ; —
utilité apparente, erreur ; — puis
l'heure des dangers apparaît ! Pour
ne pas être victimes, ne cessons de rechercher et de trouver la conciliation
de l'intérêt particulier et de l'honnêteté ; il faut que l'honnête et l'utile

soient d'accord, si non l'utilité parti-
culière se trouve être hors le juste, et
porte atteinte à l'utilité générale.

C'est dans la famille que l'être-individu doit apprendre à pratiquer cette
réciprocité, cette aide mutuelle, en y
puisant les sentiments de justice, de tolérance, de bienveillance.

*
* *

Toute action humaine, individuelle
ou collective, qui vient a se produire
dans la sphère mondiale civilisée, doit
avoir pour base la Justice ; car toute
action troublerait la conscience individuelle et la paix sociale, si elle prenait
naissance dans une injustice en violant
une liberté ou un droit.

*
* *

Avant tout, l'être-individu, pour agir
avec équité, doit rechercher et connaître la vérité : d'un mot, pour dire *droit*,
il doit dire *vrai*.

Or, tout être normal a en lui le sentiment du vrai, comme il a en lui le sentiment du beau, comme il a aussi l'ins-
tinct de l'utile ; — tout être occupe
dans la famille une situation dépen-
dante et s'agite pour y jouer un rôle ; —
tous ces rôles s'entre-croisent et se heur-
tent, mais aussi se neutralisent et s'har-
monisent sous la discipline intelligente et bienveillante du chef de famille.

Alors se développe ce sentiment inné
du Vrai, par l'influence de l'exemple :
si le chef de famille manifeste sa satisfaction d'avoir dit vrai et démontre l'u-

tilité de la vérité pour aboutir à l'action juste, la contagion de l'exemple fera son œuvre, et la satisfaction sera bientôt générale ; le désir de dire vrai est désormais implanté au cœur de chacun aes membres de la famille : l'esprit de justice est en germe dans cette famille.

* *
*

D'après Voltaire, la tolérance serait l'apanage de l'Humanité : l'homme est donc procréé pour aspirer vers cette vertu et pour marcher à la conquête de cet état d'âme.

Pour cette conquête, il faut encore recourir au foyer domestique qui renferme, de par la loi naturelle, le germe de toutes les vertus humaines. C'est

là qu'il est tout naturel de tenir compte, à l'égard de tous les sujets, dans
leur rôle actif ou passif, des divergen-
ces de l'intelligence, de l'état sain ou
morbide du sujet, des conditions exté-
rieures dans lesquelles l'acte vient à
se produire. N'est-ce pas encore, grâce à la direction éclairée et bienfaisante du chef de famille, que le sentiment
de la tolérance prendra naissance et
se développera ? N'est-ce pas un nou-
veau témoignage de la perfectibilité intellectuelle et morale de l'être, puisqu'il sait voir, apprécier, juger avec
équité, excuser et tolérer même l'acte
offensif ?

Quelle admirable vertu ! Elle nous
semble dépasser en valeur l'indulgence

ou la clémence, que des mobiles d'intérêt ont pu inspirer à toutes les époques .
la tolérance seule apparaît comme le
produit d'une civilisation plus élevée
dans une humanité plus cultivée et plus
raisonnable.

*
* *

Après avoir dit le Vrai, vaincu l'injustice et affirmé le Juste, mis en pratique la tolérance, l'être-individu, toujours perfectible, doit se perfectionner
encore.

L'atome intelligent se trouve ainsi
préparé pour l'accomplissement d'un
devoir moral plus délicat et plus doux
encore, la bonté ou la bienfaisance, car
il faut être *bien préparé* pour sacrifier
en partie son propre intérêt.

Pareil sacrifice s'opère facilement dans la vie familiale ; il s'y rencontre comme dans son lieu d'origine naturelle. Là se trouve l'amour paternel et maternel, qui s'exacerbe jusqu'au sacrifice joyeux du *Soi* pour les êtres qu'il a procréés. Lorsqu'un chef de famille sait ainsi par l'exemple et par ses conseils démontrer les bienfaits de la bienfaisance, en associant à son œuvre d'abord les aînés, puis les plus jeunes, pareil sentiment naît, se développe, s'affirme et s'impose au grand profit de tous et de chacun : mis ainsi en pratique dans cette atmosphère de fraternité, il va prédisposer chacun à l'accomplissement de pareils devoirs dans la vie sociale. Alors apparaît salutaire pa-

reille doctrine dans l'Etat-Société, et
combien sont justifiées les institutions
d'ordre général créées aans le même but
en vue de parvenir à la pacification,
sans ralentir la marche en avant !

*
* *

Puisque le bon sens et la réflexion
inspirent ces sentiments de justice, de
tolérance, de bonté ; — puisque la mise
en œuvre de ces sentiments repose sur
la corrélation bien comprise entre nos
droits et nos devoirs ; — puisque la vie
familiale progresse et prospère sous cette influence bienfaisante ; — Pourquoi,
en effet, ne pas faire pénétrer de plus
en plus dans les mœurs de tout le monde cette idée salutaire que le Devoir,
accompli dans la vie sociale comme

dans la vie familiale, est indispensable
pour assurer la sécurité et le bien-être,
en un mot le Progrès ? Pourquoi ne
pas agir ainsi, puisque la Société ne
peut progresser que par le progrès des
hommes ?

*
* *

La famille reste donc la première et
la meilleure école du devoir social : la
famille est le véritable berceau des idées
embryonnaires de justice, de tolérance,
de bonté : ces idées, innées chez l'être
s'y développent comme une plante utile et cultivée dans un sol fertile se forme en rameaux et s'échappe au dehors.

L'enfant croit à ce qu'il voit : dessil-
lez ses yeux, montrez-lui les bienfaits et
les avantages de la justice, de la tolé-

rance, de la bonté, il croira a la justice, à la tolérance, à la bonté ; il retien-
dra les bienfaits et les avantages qu'il
aura recueillis ; il sera heureux, il vou-
dra que sa joie persiste ; il recommen-
cera.

* *
* *

Veiller à la première efflorescence de
l'atome intelligent, développer la sensibilité et l'intelligence, ces deux sources
du bon sens : tel est le premier devoir
des chefs de famille.

Le cerveau de l'enfant est impres-
sionnable à l'excès : on a dit avec raison que les premières empreintes res-
taient gravées irréfragables comme l'em-
preinte d'un cachet sur une cire molle :
il est bien vrai que les premières im-

pressions sont les moins fugaces et que leurs empreintes demeurent presque ineffaçables : elles doivent donc être surveillées avec le plus grand soin.

Où ? dans la vie familiale ;

Comment ? par le chef de famille, instructeur et éducateur.

La famille doit être la première école d'apprentissage pour la vie combative avec toutes ses nécessités et tous ses dangers.

Aussi le principal devoir de l'éducateur est-il d'éveiller chez l'enfant la Conscience, le sens intime avec ses phénomènes psychiques, supra-sensibles : cette mission délicate est rendue facile par la confiance que les êtres du même sang s'inspirent réciproquement, par

cette similitude des phénomènes physi-
ques et psychiques qui se retrouve chez
ces deux êtres, qui persiste chez eux
quoique séparés plus tard par le temps
ou l'espace, et qui vous permet d'affirmer que tous les faits émotifs, intellectuels, volontaires, chez l'être-individu, naissent, se développent, et reçoi-
vent leur première application dans la
famille.

C'est bien dans cette atmosphère morale que la Raison peut germer et pren-
dre racine, la Raison vraie, exclusive,
dans une pareille atmosphère, de cynis-
me comme d'hypocrisie, exempte de violence comme de faiblesse.

*
* *

Entre le groupement familial et l'Etat-Société, l'espace est large et la transition est souvent brusque : quel vide s'ouvre parfois devant l'être-individu qui sort de l'égide familiale ! Pourquoi ne pas rechercher un trait d'union entre cette vie familiale et la vie sociale ? Pourquoi ne pas trouver, dans le rapprochement des familles si diversifiées, et dans leur organisation autour de l'Ecole fréquentée en commun par leurs enfants, un germe de solidarité ?

Lorsque tous les chefs de famille seront ainsi groupés, pour le contrôle et la surveillance de leurs enfants au point de vue de l'éducation qui leur appartient il sortira des consciences individuelles de ces chefs de famille une conscience collective, se résumant dans une formule générale de bon sens et d'honnêteté.

Sous le nom de patronage, Rome a connu cette sorte de famille élargie avec toutes ses conséquences de la vie sociale d'alors. Le patron veillait aux intérêts de son protégé, l'aidait de ses conseils, de son crédit, de son argent : le protégé devenait en quelque sorte le fils adoptif. — Rome avait fait du patronage 'a gloire du citoyen et la sécurité de l'Univers Romain ; il était une force de résistance pour le peuple Romain.

En transportant l'*idée* dans la cité moderne, tous les citoyens vont être appelés à concourir avec toutes leurs for-

ces agissantes au succès de l'*idée*, et
vont devenir les volontaires de cette
œuvre si utile à la pacification des esprits : chacun, en respectant la liberté
des autres, verra sa propre liberté respectée, et de ces groupements fédérés
entre eux sortira une pensée libre et
réfléchie sur la meilleure éducation de
leurs enfants.

Cette pensée survivra, et se retrou-
vera entre les mêmes hommes de bonne
volonté qui poursuivront avec ardeur
cette œuvre de l'éducation dans les œuvres post-scolaires de toute nature dont
la nécessité s'impose de plus en plus
pour la sauvegarde de notre jeunesse.

*
* *

Cette organisation des familles ainsi

comprise et mise en œuvre devient le premier groupement social, peut-être le plus important ; car, il donne naissance à cette discipline volontairement consentie, prédispose les esprits à un premier sentiment de solidarité. Puis nous retrouverons encore cette méthode salutaire plus agrandie et plus élargie, dans les œuvres d'associations de toute nature que l'Etat-Société autorise et subventionne, et dans lesquelles les habitudes de bonne camaraderie s'ébauchent et mènent au renforcement des liens de solidarité entre les associés.

*
* *

Telle nous apparaît la première résultante de cette corrélation du juste et de l'utile, opérée dans la famille d'abord, puis entre les familles, avec cette devise : « Tous pour chacun, chacun pour tous ».

L'attirance du sang et la co-habitation, l'autorité bienveillante et ferme des chefs de famille, sont les éléments naturels qui facilitent cette conciliation. Et, sous l'empire des nécessité économiques, grâce aux mœurs plus socialisées, cette conciliation du juste et de l'utile grandira et s'élargira ; ce sera le règne de la vraie liberté pour chacun, de la paix et ae la sécurité pour tous.

Le viatique va se trouver ainsi donné à chacun lors de son entrée dans la vie combative : il appartient alors à

l'Etat-Société de grouper et de discipliner toutes ces forces vitales ainsi
créées, et de parachever cette œuvre de
solidarité ébauchée dans les premiers
et les plus naturels groupements hu-
mains.

*
* *

A la fin de cette première étude très
sommaire, il nous paraît utile de consigner ueux observations :

Premièrement — Puisque les êtres-
individus ont des intérêts indéfinis, jamais satisfaits ; — puisque ces intérêts sont d'abord en contact, puis en
conflit, — il en résulte nécessairement
avantage pour les forts, désavantage
pour les faibles.

Secondement. — En face de cet

état de choses se dresse le Droit, force morale positive ; — la Justice, force répartitive et équitable du Droit ; — deux forces sociales servies par la Raison, se manifestant inlassablement par des actes de redressement et de protection pour maintenir l'équilibre social.

Aussi l'être-individu peut-il maintenant entrer en scène, et jouer son rôle dans l'Etat-Société : Armé de ces forces de résistance qui lui ont procuré la vie libre de l'esprit, il peut devenir sous l'égide de l'Etat-Société un citoyen utile.

Nous allons le suivre dans son développement d'être-social.

CHAPITRE III.

DÉVELOPPEMENT DES DEVOIRS MOYENS CHEZ L'ÊTRE-SOCIAL. — PREMIÈREMENT, DANS LES ASSOCIATIONS MUTUELLISTES, DANS LES COOPÉRATIVES, DANS LES SYNDICATS PROFESSIONNELS. — SECONDEMENT, DANS L'ETAT-SOCIÉTÉ PAR LES LOIS DE PROTECTION ET DE DÉFENSE SOCIALES.

L'Etat-Société tend de plus en plus à s'organiser socialement, *à se socialiser*.

Pour atteindre par voie d'évolution

ce but, idéal de toute cité moderne, l'E-
tat-Société a le premier devoir de maintenir à sa base la Justice sociale, de
l'imposer à tous, et de la faire respec-
ter par tous : toute injustice sociale
doit être réparée, au besoin par de
nouvelles lois de redressement de tout
acte reconnu contraire à la justice, ce
qui n'exclut pas les sages mesures d'a-
paisement.

*
* *

L'œuvre familiale que nous avons
analysée, n'est pas et ne peut-être ni
générale ni parfaite : limitée dans ses
moyens, comment le serait-elle avec la
multiplicité des êtres qui composent
une famille, si variés aux points de
vue du physique, de l'intelligence et

du caractère ? D'autre part, le chef de
famille n'est-il pas souvent débordé
par ignorance, par faiblesse, par impuissance ?

* *

C'est dans ces conditions que chaque
famille déverse, pour ainsi dire auto-
matiquement, tous ses membres tels
qu'ils sont, bons ou mauvais, solides ou
faibles, intelligents ou non, dans le flot
social : les conflits vont naître du contact ; l'agitation s'ensuit et devient
quelquefois tumulte et désordre.

L'Etat-Société doit surveiller, pré-
venir et réglementer cet antagonisme
par une direction prévoyante, et par
une discipline librement consentie ou
légalement organisée.

* *

C'est ainsi que les individus, ou les associations formées entre eux, donneront leur *maximum* d'utilité sociale dans une paix intérieure.

Donc, l'Etat-Société, par ses représentants légitimes, a pour mission première de diriger et discipliner le flot incessant et varié des individus accourus de toute part, et cherchant tous leur place au banquet de la vie.

*
* *

Cette lutte pour la vie, avec ses inégalités entre les lutteurs, n'est-elle qu'une sorte de fatalité constitutionnelle ? Qu'importe ! Elle est *là*, inéluctable.

Quelle que soit la cause de cette lutte, il appartient à l'Etat-Société d'en

affaiblir l'acuité, et de rapprocher et
concilier les lutteurs. — Il appartient
à ses représentants légitimes, élus ou
sélectionnés, constituant une élite intellectuelle et morale, de signaler et de
redresser tout acte contraire à ce qui
est juste, de provoquer et recourir à
une législation nouvelle si besoin est,
de faire prévaloir et de donner, dans
le domaine de l'activité sociale, les
moyens et les forces voulus pour élimi-
ner les abus, apaiser les souffrances,
pour assurer invariable et souveraine
la justice à tous ceux qui ont accompli
leurs devoirs. Le temps a déjà fait son
œuvre : nous voyons ainsi que les résistances des privilégiés ne sont plus
aussi aveugles ni aussi tenaces, de mê-

me que nous constatons avec joie que les incapacités des Démocrates s'estompent de plus en plus et cessent d'être rancunières.

* *

Pour tous aujourd'hui, la notion du juste apparaît sous son véritable jour, et repose sur ce principe juridique éternellement vrai : « Suum cuique », car ce qui est juste en principe, sous la seule réserve des droits dûs à l'invalidité, c'est bien la participation *au produit* d'après la participation à la *production*.

* *

L'action de la Justice seule peut et doit suffire à la préservation sociale ;

aussi la suprématie de l'autorité judiciaire s'affirme et s'impose.

Bien fol apparaît le système de quelques Politiques qui vont jusqu'à refu-
ser une existence indépendante au
Pouvoir judiciaire, et veulent ne le
voir agir que dans une sorte de sujé-
tion vis-à-vis des Pouvoirs législatif
et exécutif.

Quels dangers pour une nation qui
serait soumise à pareille constitution
politique !

Vouloir anéantir ou réduire l'autorité judiciaire, c'est sans aucun doute,
si l'on veut éviter l'anarchie, vouloir
élever l'Autorité administrative, doublée de la Police devenant ainsi son

auxiliaire plus indispensable que jamais.

Or, l'histoire nous apprend que l'autorité administrative, ainsi renforcée par la force des choses, ne peut se soutenir longtemps, si les Corps Judiciaires tombent dans un état de faiblesse et d'impuissance.

Aussi dans toute nation, désireuse d'harmonie sociale, l'action du Pouvoir judiciaire, doit être de plus en plus consciente, énergique, continue, pour limiter toutes les interventions étrangères, pour apaiser et résoudre les conflits, pour pacifier les esprits.

C'est aussi le meilleur moyen d'assurer la stabilité d'un régime politique, de désarmer les partis, de les fu-

sionner, sous l'égide de lois justes et
de décisions équitables : n'est-ce pas à
la source de Justice que chacun va
trouver le germe de l'honnêteté, calmer
la soif de ses passions, et puiser le
réconfort de moralité ?

*
* *

A côté des lois de justice, les lois
de protection deviennent nécessaires.

Aujourd'hui chacun de nous est devenu plus vulnérable au cours des fonctions qu'il remplit dans notre vie sociale devenue si combative. Tous les
peuples civilisés l'ont bien compris, et
ce n'est pas trop s'aventurer que de proclamer que le consentement unanime
à ce sujet des peuples civilisés tient
place de loi naturelle : chez tous ces

peuples en effet il y a impulsion donnée
et concurrence ouverte dans cette voie
de la protection sociale accordée à l'individu par la loi.

Les exemples à citer de toutes parts
sont nombreux, et le deviennent encore
davantage, tant par la force même des
situations économiques nouvelles, que
par l'urgence et la réciprocité toujours
croissante des besoins qui en décou-
lent.

*
* *

Dans une étude si sommaire, il n'est
possible que de rappeler quelques unes
de ces lois déjà votées par le Parle-
ment Français, parmi lesquelles les unes
sont acclimatées définitivement et ne
demandent que des retouches que leur

applicabilite révèle ; — les autres sont
plus jeunes dans leur évolution normale ; — d'autres encore sont seulement
embryonnaires mais toutefois d'une
vitalité certaine ; — la loi sur les ac-
cidents du travail, avec ses extensions
successives à toutes les catégories de
travailleurs ; — la loi sur le travail
protégé des femmes et des enfants
toujours en voie d'évolution meilleure, ayant déjà permis d'ouvrir la voie
à une réglementation générale des heu-
res de travail pour tous les travailleurs ; — les lois déterminant et ap-
pliquant les conditions d'hygiène dans
les usines et les ateliers ; — la loi sur
le repos hebdomadaire obligatoire, ex-
ceptionnellement suspendu mais régle-

menté et compensé ; — la loi des finances
avec un crédit pour secours en cas de
chômage forcé, embryon légal de la
protection si légitimement due au tra-
vailleur que le sort frappe avec autant
d'aveuglement que d'injustice ; — *En
perspective*, une loi sur le contrat collectif du travail que les conditions
nouvelles dans les relations du Capital et du Travail rendent nécessaire :
— puis une autre loi sur l'arbitrage
obligatoire en vue d'éviter les grèves si
désastreuses pour les deux parties en
lutte, et au détriment du pays entier,
ou tout au moins en vue d'amortir le
plus possible le choc violent et les effets toujours douloureux.

La liste est déjà longue ; quel indi-

ce consolateur et réconfortant pour la
monde du travail dans cette unanimité
des efforts continus et de bonnes volontés qui tendent à compenser, par
une protection de plus en plus effica-
ce, de plus en plus élargie, de plus en
plus certaine dans l'avenir, les durs la-
beurs des travailleurs !

*
* *

Si nous pénétrons dans un domaine
plus spécialisé, celui réservé à l'assistance sociale, c'est avec la plus vive
satisfaction que nous saluons, enfin, la
proclamation du droit à l'assistance sociale, si longtemps réclamé, discuté, et
retardé ; et cependant pour les humani-
taires et pour les prévoyants il appa-
raissait que le législateur n'avait qu'à

le consigner sur les tables de la loi afin de le réglementer au mieux de l'intérêt général.

C'est fait : ce droit, à la fois juste et salutaire, est inscrit dans nos codes, et nos législateurs ont su l'organiser utilement par le fait du concours normal et réfléchi des collectivités intéressées, l'Etat, le Département, les Communes : ainsi est arrachée à l'avilissement de la misère la plus douloureuse comme la plus dégradante, la catégorie la plus respectable des citoyens de la même Patrie, les vieillards impuissants, abandonnés.

* *

Il nous vient à l'esprit un vœu qui peut trouver sa place à la suite : si l'assistance aux vieux lutteurs épuisés, est un devoir social, l'aide aux jeunes générations comporte à la fois un devoir et une utilité de même ordre.

Les jeunes générations sont l'avenir de la Nation : les esprits les plus clairvoyants ont pris l'initiative, et grâce à eux de grandes et de petites cités ont créé la cantine scolaire, le vestiaire scolaire ; d'autres encore plus hardis dans une pensée commune d'une solidarité plus élevée et plus prévoyante, ont organisé ces colonies de vacances où les enfants les plus déshérités trouvent le bon air, la santé, et la joie d'un séjour à la montagne ou à la mer, tout comme les enfants des autres familles plus favorisées.

Puissent ces exemples devenir de plus en plus fréquents : En donnant aux jeunes générations la santé, vous donnez aussi une satisfaction morale aux parents, vous assurez de plus en plus la pacification dans le présent, et vous préparez des générations plus fortes et meilleures dans l'avenir.

*
* *

Enfin, à côté de ces lois de protection sociale, l'État-Société va promulguer certaines lois que l'on peut qualifier les lois de défense sociale, en vue de déterminer, de régler et de contrôler toutes les institutions soit d'ordre particulier ou privé, soit d'ordre collectif qui se rencontrent dans toutes les sociétés civilisées, et qui dès lors peuvent entrer en conflit, qu'il convient de limiter et d'arrêter parfois par crainte d'une anarchie, prélude de décadence dans toute collectivité.

Dans l'ordre privé, ces lois qui par leur nature et leur objet, peuvent être limitatives du droit individuel absolu, ne peuvent d'ailleurs se justifier et recevoir dès lors une application normale, que si elles ont finalement pour but la protection légitime et consciente du droit individuel, envisagé comme de raison à la lueur du droit supérieur de stabilité et de durée pour la Collectivité.

*
* *

Telles sont nos lois qui règlent nos institutions d'ordre privé, notamment la constitution et le fonctionnement de la famille, l'ordre des successions, la propriété, qu'elle soit individuelle, communiste ou collective.

Ces lois, conformes à la nature, sont ou paraissent être intangibles : et cependant leur ancienneté et leur renom universel ne les ont pas mises à l'abri des poussées modificatives dont les échos se sont fait entendre lors de discussions les plus intéressantes, déjà suivies de lois votées, ou préparatoires de lois futures ; — tant est puissante et régulière la marche du progrès que la science du droit, comme toutes les sciences, cède et se plie aux perfectionnements d'une vie sociale plus civilisée ?

*
* *

Dans l'ordre général, nos institutions reposent et reposeront nécessairement toutes sur les principes combinés du droit positif et de la liberté : ainsi, à part quelques restrictions apportées, plutôt oubliées dans nos textes que suivies dans l'usage, appelées à disparaître à leur tour et bientôt, nous avons la liberté de la parole, de l'écrit, de réunion, d'association, ae coalition et de grève. En accordant à chacun l'exercice conscient et normal de pareils droits de liberté, n'ayant pour limites que les mêmes droits de liberté chez les autres, qui peut nier les bienfaits d'une pareille organisation sociale garantissant à l'individu l'usage conscient de sa liberté, et assurant à la collectivité

la durée et le progrès dans la paix et
la sécurité ?

* *

Si l'individualisme peut sembler encore être une des caractéristiques de
notre époque, il est juste toutefois de
reconnaître que, sous l'impulsion des
manifestations qui se produisent dans
le domaine économique, notre généra-
tion, de plus en plus imbue du progrès
scientifique, a tenté d'ébaucher et d'é-
laigir l'œuvre de reconstitution des
forces individuelles associées, comme
devant être la source inaltérable et
l'officine inlassable où s'élaborera et se
développera le devoir social à remplir
par tous dans l'avenir.

* *

Telles sont déjà, telles seront de plus en plus ces associations de toute nature et de toute forme, ayant pour objectif la protection de l'individu, impuissant dans son isolement, entrant librement dans le groupement qu'il a choisi pour se rapprocher de ses camarades, se trouvant pour ainsi dire lié à eux par l'effort commun, enfin se sentant réconforté et soutenu pour la mêlée sociale.

Or, ces associations ne peuvent avoir leur développement normal et conquérir une autorité bienfaisante, que si, dans ce groupement comme dans une famille élargie, l'intérêt individuel et l'intérêt commun, dans leur contact et surtout dans leur conflit, sont égale-

ment étudiés, discutés, conciliés ou
compensés dans une même pensée de
justice et de solidarité.

* *

C'est sous le souffle vivifiant de la
liberté que se sont développées et que
se développent chaque jour, en première ligne de bataille pacifique, ces ad-
mirables sociétés de Secours Mutuels
aux formes multiples, prenant l'indivi·
du à l'Ecole et le suivant, sans l'aban-
donner un seul instant, dans tous ses
efforts au cours de son existence et jusqu'à la fin, toujours prêtes à lui donner
son aide matérielle comme son encoura·
gement moral. — Puis, voici ces ingé-
nieux syndicats professionnels que la
loi a voulu voir toujours dévoués à l'in-

térêt professionnel et en même temps
à l'individu, *car l'énergie pour produire doit être organisée*, — et encore ces
coopératives de consommation de plus
en plus nombreuses et de plus en plus
perfectionnées dans leur organisation ,
— et plus rares parce que plus coû-
teuses dans leur création et dans leur
mise en mouvement, ces coopératives
de production et de vente.

Toute cette activité coopérative té-
moigne d'une activité clairvoyante et
méthodique : elle est le prélude d'une
nouvelle organisation sociale, indispensable pour assurer la vitalité d'un peuple, son progrès en civilisation.

* *
*

Si l'intérêt social commande l'exis-

tence de ces associations, l'Etat-Société, en qui se résume cette utilité commune avec charge d'y faire face, a donc
le devoir d'accorder son patronage à
ces associations ; il le fait déjà et il
le fera davantage en favorisant leur développement par des mesures légales
protectrices, et en facilitant les œuvres
entreprises par des subventions.

* *
*

A l'heure présente, dans cet ordre
d'idées, vient de s'affirmer l'œuvre co-
lossale des Retraites ouvrières et pay-
sannes, par la coopération la plus étendue des forces sociales. La voix populaire les réclamait à bon droit ; elle
a été entendue par une élite de penseurs et d'hommes politiques.

La loi, qui les consacre et qui repose tout entière sur le principe de l'obligation, c'est-à-dire d'un devoir social, a été l'œuvre réfléchie de ces intellectuels agissant sous l'empire de la justice, de l'altruisme, de la prévoyance. Quel serait aujourd'hui l'imprévoyant assez osé pour faire obstacle à l'exécution de cette loi de pacification, de préservation sociale, et d'une philosophie si humanitaire ?

Quel exemple et quel encouragement pour poursuivre sans arrêt notre développement scolaire, et pour répandre chez le plus grand nombre ces idées de justice et de solidarité ! N'est-ce pas dans nos Ecoles que cette élite a recueilli les bienfaits d'une instruction scien-

tifique et intégrale, et les principes de
la plus salutaire moralité ?

*
* *

Comment ne pas insister sur la nécessité de notre développement scolaire, en présence des défaillances individuelles trop nombreuses, si l'on veut
sincèrement éveiller dans les consciences le sentiment du devoir social à ac-
complir ?

Personne ne peut plus contester à
l'heure actuelle le relâchement dans
les fonctions ou la mollesse dans le travail chez un trop grand nombre : il apparaît pour tout observateur un peu
attentif que quelques-uns cherchent à
se désintéresser du rôle qu'ils ont dé-
mandé à jouer dans la machine sociale,

à se dégager de tout effort dans le travail.

Nous avons vu pratiquer l'indifférence jusqu'à la négligence et jusqu'à l'inattention, cause et prélude de conséquences funestes, tant au point de vue de l'effet matériel immédiat, qu'au point de vue éventuel et plus grave encore de l'effet moral.

Il y a donc là un malaise qui en empirant peut devenir dangereux : pour l'enrayer, il faut rechercher et reconnaître l'origine de cet état d'âme funeste et contagieux.

*
* *

Trouverons-nous son origine dans la crise d'arrivisme outrancier que nous venons de traverser ? Peut-être, car

tout arriviste ne peut que devenir in-
different, grâce à cette tendance mar-
quée à la disparition lente et graduée
de tout effort professionnel, puisqu'il
n'a eu besoin d'aucun effort intellectuel
et moral jusqu'au jour où il a été
le favori de l'intrigue et de la Fortu-
ne : de quelle grâce providentielle se-
rait-il frappé pour devenir un travail-
leur conscient ? en attendant, il reste
là, bien en vue.

Les dangers de tels exemples ont ap-
paru si graves, que l'opinion s'est émue,
a protesté, a été entendue : on a cher-
ché des mesures de sauvegarde pour
l'avenir, et par là on a sans doute fait
œuvre salutaire *de ce côté*.

Mais, hélas ! l'effet moral s'était ré-

pandu comme un flot descendant d'en
haut et avait causé des désastres dans
la plaine.

Ceux d'en bas, regardent dans leur
simplisme les succès et le bien-être im-
mérités de ceux d'en haut, cédant
au penchant si facile de l'envie, ont
songé à leur tour qu'ils avaient *intérêt* à conquérir le bien-être sans ef·
fort et si possible sans responsabilité ;
ils ont mis alors en pratique la théorie
de l'indifférence et de la mollesse, ils
ont supprimé l'effort, ils sont devenus
de *véritables arrivistes.*

* *

L'heure est décisive ; il faut que tous
les hommes qui ont, dans l'âme, le germe de l'honnêteté protestent contre de

telles défaillances, et luttent pour les vaincre ou les réduire.

Après les palliatifs du moment, songeons sans cesse au véritable et salutaire remède, au développement chez l'être-individu des idées de justice et de solidarité, par l'instruction, par l'éducation, par l'exemple donné d'en haut par les Elus et les Sélectionnés.

CHAPITRE IV.

Instruction Scientifique. — Intégrale. — Professionnelle. — Développement de la Moralité par la Science. — Développement de la Solidarité par la Raison.

Si l'atome intelligent n'est pas le même dans chaque être ; — si les dons naturels de chacun doivent être respectés et même favorisés ; — il serait à la fois déplorable et inutile de contraindre un individu à absorber une

nourriture intellectuelle contraire à ses
capacités.

Tout sera donc pour le mieux général et particulier à la fois, si l'on analyse et si l'on favorise les dispositions
et le goût de chacun, et si l'on arrive
à savoir tenir compte de l'avenir des
gens pour telle sorte d'étude. Pareil
procédé ne consiste en somme qu'à se-
conder l'œuvre initiale et indicative de
la Nature, et ne fait pas obstacle à la
constitution d'une association de plus
en plus élargie de penseurs à l'esprit
libre, par les voies et les moyens équitables et pratiquement réalisables en
vue de l'utilité générale.

*
* *

Dans tout Etat civilisé l'intérêt

social est que les fonctions se divisent
et se subdivisent, afin que les actes d'u·
tilité générale soient rapidement et
mieux exécutés : — cette division du
·travail n'implique pas que tout individu doit savoir les mêmes choses, mai·
au contraire commande que tout individu doit apprendre et savoir en raison et en vue de la fonction qui lui est
destinée.

Aussi comme le travail fourni par
chacun est profitable à tous, il s'ensuit
que les producteurs d'activité sociale
sont, les uns à l'égard des autres, des
citoyens égaux en droits et en devoirs
dans la même Démocratie.

*
* *

Pour cela il faut, *avant tout*, que

tous soient appelés sans distinction d'o-
rigine, de richesse ou de pauvreté, en
raison seulement des valeurs intellec-
tuelles et morales de chacun : Pour tous
doit être ouvert l'accès à tous les de-
grés de l'instruction à la suite de concours déterminés, gradués, annuels.

L'élimination d'abord, puis la sélection opérera le classement méthodique
des individus les plus intelligents et
les plus utiles à l'Etat-Société : c'est
ainsi qu'à l'exemple de la Nature il
peut être procédé ; mais à charge de
réglementer avec équité les conditions
des épreuves éliminatoires, de procé-
der avec impartialité à une sélection
variée des sujets, et d'accorder le *Maximum* de bourses, comme le demande

chaque année avec tant de justesse la
Ligue de l'Enseignement laïque. Tel
nous paraît devoir être notre objectif
présent ; il ne faut demander que les
choses réalisables et compatibles avec
la vitalité ambiante du présent.

*
* *

Avoir toujours les yeux tendus vers
cet idéal de l'instruction intégrale pour
tous ; — avoir la loyauté et le sens pratique de la donner au plus grand nombre en vue d'agrandir et d'élargir l'œuvre de sélection pour les générations a
venir : — N'est-ce pas là la pensée commune des meilleurs esprits, pensée que
les plus pusillanismes gardent *in petto*
que les plus braves osent proclamer

comme une vérité aussi inéluctable qu'elle est tangible ?

*
* *

La constitution d'une élite intellectuelle dans de telles conditions, par la voie d'une sélection basée sur les qualités de l'élu, ne nous semble pouvoir froisser aucune conviction sincère et désintéressée.

Qui donc peut redouter le règne de la Science, le règne de la Raison ? Dans un État Social rationnellement organisé, la Démocratie peut vivre en bonne intelligence avec la *Sophocratie*, puisque l'une et l'autre veulent assurer à tout le monde la plus grande somme de liberté, de paix, de sécurité, et de bien-être.

*
* *

Mais dira-t-on, combien sont différents les procédés d'action de part et d'autre ?

Si la résultante finale est la même, le Temps saura effacer le souvenir des procédés mauvais, ou dangereux pour la paix sociale de l'heure présente. Ne voyons-nous pas des forces contraires, agissantes pour atteindre le même but si ardemment désiré, par exemple la paix universelle ? — d'une part, les Pacifiques la préparent par les voies d'une évolution raisonnée et prudente ; — d'autre part, les antimilitaristes croient pouvoir y atteindre par les moyens révolutionnaires ; — d'où la nécessité de recourir à des accords internationnaux pour les uns, et de limiter les ardeurs subversives des autres par des mesures légales de défense sociale.

En somme l'Humanité, qui progresse de toute part, repousse l'absolu, et comme tel la théorie fataliste du surhomme qui conduit au despotisme de l'un et à l'esclavage des autres : Elle marche au but désiré de tous, d'un pas régulier et de plus en plus assuré, sous la ferme impulsion des volontés de plus en plus éclairées.

*
* *

La Science, en effet, inspire à l'homme le sentiment d'un devoir social : si elle rend la vie matérielle plus facile par ses découvertes, elle ouvre à l'homme l'horizon des jouissances morales

par le devoir accompli ; grâce à son essence constitutionnelle qui est la per-
1e3t1bilité, elle se.garde des assertions
dogmatiques, elle consacre le principe
salutaire de la relativité, et c'est ainsi
qu'elle collabore à l'affranchissement
des esprits par le développement normal de la Raison, — à l'inverse des Re-
ligions toutes basées sur l'immutabilité
de la Foi et sur l'immobilité des Dogmes, perdant ainsi, à chaque substitu-
tion des Rites et dans chaque succes-
sion des Dogmes, toute autorité morale, sous l'éclat des lumières ae la Science éclairant et guidant la conscience de
l'homme.

*
* *

Mais dira-t-on, si la Science façon-

ne les esprits, elle dessèche les cœurs
par son positivisme exclusif de tout
idéal. Erreur ou subtilité : la Science
a pour compagnon fidèle et libre l'Art,
c'est-à-dire la Poésie, la Statuaire, la
Peinture, la Musique ; — l'Art par
l'expression de la Beauté touche à l'I-
déal rêvé, repose l'esprit, équilibre la
pensée, et réalise l'œuvre morale ; —
l'Art est ainsi un élément qui facilite
le progrès de l'homme, pour assurer le
progrès social.

Aussi est-il permis d'affirmer que la
Science et les Beaux-Arts, qui doivent
avoir leur place au foyer domestique
comme dans nos institutions collecti-
ves, associés l'un et l'autre pour l'œuvre du Progrès, sauront le réaliser chez

les races humaines qui ne sont pas im-
mobilisées et pour ainsi dire figées par
des lois d'un caractère politico-reli-
gieux.

*
* *

En somme, il nous apparaît avec certitude qu'un rapport pré-existe entre
les Institutions d'un peuple et les
mœurs de ce peuple ; — que les unes
exercent sur les autres une série d'in-
fluences dont les effets se répercutent
avec d'autant plus d'intensité que leur
concordance est plus parfaite.

Aussi nos lois de protection et de
défense sociale ne doivent pas être
inaccessibles à la mentalité du plus
grand nombre, si l'on veut que ces lois

soient ratifiées et pour ainsi dire volontairement consenties.

Or, la chose est fatale, la loi naturelle le veut ainsi : voyez les manifestations spontanées du peuple,
les explosions de sympathie et de
pitié pour toute victime, ses révoltes de
colère contre toute injustice criante ·
tel est bien là la preuve de son amour
inné pour la Vérité qui lui est démon-
trée, pour la Justice qui lui est offer-
te.

* *
*

C'est donc aux élus et aux sélectionnés de faire apparaître la Vérité et de
dire le Droit ; de diriger et d'orienter
la machine Sociale par la Vérité et par

le Droit ; — de rendre la Justice avec impartialité et bonté.

C'est aussi dans un pays de Suffrage Universel, sans tendance anarchique conduisant à la désagrégation du corps social, plus encore que dans tout autre pays moins avancé en civilisation, qu'il est nécessaire que les delégués, émanation de la volonté du grand nombre, inspirent le respect et la confiance. La sécurité et la durée du Corps Social exigent qu'il en soit ainsi par le maintien intégral et incontesté de leur autorité nécessaire.

*
* *

Cela est si vrai que lorsque le Droit est violé, vous voyez une angoisse, puis une agitation se produire dans les mas-

ses profondes du peuple, en même
temps que l'élite des intellectuels, savants ou intuitifs, va clever la voix et
réclamer la Vérité et la Justice.

C'est ainsi que l'affaire d'un seul devient l'Affaire de tous, et qu'apparaît
formidable et irrésistible l'accord de
ces deux forces Sociales, l'Elite et le
Peuple, marchant ensemble à la découverte et à l'affirmation de la Vérité
pour réclamer le Droit, réparer l'injustice, accélérer la marche du Progrès.

*
* *

J'entends toutefois encore une voix
qui me dit : « Il est plus aisé de com-
battre la peste ou le choléra qu'un sentiment populaire. » — Voix anonyme
devenue honteuse sans doute ; pour ma

part, je ne veux plus savoir qui a dit
cela, et je me hâte de répondre en appe-
lant à mon secours notre méthode de
travail à la fois si chère, si loyale et si
sûre ; je recours à nos procédés scientifiques, à l'Instruction et à l'Educa-
tion pour tous, ces deux sœurs libératri-
ces. Ne sont-elles pas les deux plus
puissants instruments pour battre en
brèche et réduire tout sentiment populaire imprévoyant ou dangereux ?
Ne sont-elles pas l'une et l'autre les
meilleures collaboratrices pour détruire
les préjugés, redresser les caractères, re-
faire les mentalités de l'être-individu,
de l'être-social aussi ?

Cette méthode, il est vrai, pourra
être lente, puisqu'elle est nécessaire.

ment l'œuvre du temps, mais elle peut être hâtive par la volonté directrice de l'élite sociale.

Que cette élite le veuille avec résolution, et, cela ne suffisant pas encore, qu'elle se fasse propagandiste ardente par devoir social ; — qu'elle agisse avec conviction et avec tact ; — qu'elle sache créer autour d'elle une ambiance de sympathie qui amène la confiance et avec elle l'autorité morale nécessaire pour éclairer les consciences individuelles, abattre les préjugés et les erreurs, discipliner les volontés, et assurer le triomphe de la Vérité.

*
*   *

..... Nous sommes toujours en marche vers un état de civilisation supérieure.

Conclusion.

Nous pouvons maintenant résumer notre thèse : — Nous avons voulu tout d'abord montrer l'être-individu volontairement discipliné dans la famille par une instruction et une éducation reposant sur les idées de Justice, de Tolérance et de Bonté ; — plus tard nous l'avons trouvé armé de ce bagage lors de son entrée dans la mêlée sociale — sachant que désormais, s'il a des droits à exercer, il a également des devoirs à remplir, — apprenant chaque jour que pour assurer l'exercice de ses

droits, il doit se soumettre, comme il
l'a fait dans la Famille, aux mêmes forces positives et raisonnables, transcri-
tes au profit de tous, sous les noms de
Lois de défense et de protection sociales. — Voilà les devoirs moyens qui in-
combent à tout être-social.

Nous sommes arrivés à pouvoir proclamer sans hésitation que l'intérêt
général bien entendu, comme la morale
scientifique, président à cette corrélation intime et nécessaire des institutions d'un peuple et des mœurs de ce
peuple ; — à pouvoir affirmer sans
crainte que plus nous aurons aidé l'ê-
tre-individu à progresser grâce aux
bienfaits de l'Instruction et de l'Edu-

cation, plus nous aurons travaillé au progrès de la Société.

*
* *

Il est donc vrai de dire que la Raison est appelée à parachever toute œuvre humaine, comme la violence reste le fait animal.

*
* *

Il est donc vrai de dire que l'avenir social, le meilleur, appartient à l'homme gravitant de plus en plus vers l'idéal de la Raison ; quand le plus grand nombre, — tout le monde si possible, — aura compris que l'altruisme est un acte raisonnable, *intéressé*, qu'il est le *devenir* de l'homme social, la So-

ciété sera dans la véritable voie du Progrès.

* *

Notre thèse visait à définir quelles
étaient les forces psychiques de résistance à la mort, c'est-à-dire à la disso-
ciation et à la fin de tout être-individu
ou social, et quels étaient les voies et
moyens les plus propres pour procréer
et développer ces forces.

Dans notre analyse, nous avons clas-
sé ces forces en deux groupes, les forces psychiques de l'individu, et les forces morales et légales de la Société. —
Puis nous avons préconisé les efforts
et les méthodes les meilleurs pour les
créer et les développer chez l'être-individu d'abord, puis chez l'être social.

Dans notre synthèse, nous disons notre foi dans la Science pour développer
notre Raison et pour éclairer notre
Conscience, et nous saluons avec confiance l'avènement plus ou moins rap-
proché de la Solidarité Sociale.

*
* *

Volonté réfléchie ou Rationalisme,
Association organisée ou Socialisme,
Solidarité légale ou Interventionisme,
— Tel sera le règne de la Raison et de
la Justice.

*
* *

S'il est vrai que l'homme, dans son
isolement, peut rester l'esclave des forces de la Nature et de la Fatalité,
l'homme, dans l'association entre citoy-

ens, devient de plus en plus rationnellement le maître de ces Forces ; il les
gouverne de par sa volonté organisée
avec d'autres volontés ; il soumet les
réalités aux règles des intelligences co-
ordonnées ; il gravite vers le Progrès.

*
* *

Arrière toutes pensées de recul, que
les pessimistes appelent l'inutilité de
l'effort individuel d'une part, et l'iner-
tie des forces socialisées d'autre part.

Arrière pareil système de découra-
gement et d'avilissement, si nous vou-
lons éviter à notre Association natio-
nale la décadence et la chute finale.

TABLE

120

www.ingramcontent.com/pod-product-compliance
Lightning Source LLC
Chambersburg PA
CBHW052032270326
41931CB00012B/2463